Frisch vom Blech

Ira König

FRISCH VOM BLECH

Süße und herzhafte Backideen

VERLAGSGRUPPE PATMOS

PATMOS
ESCHBACH
GRÜNEWALD
THORBECKE
SCHWABEN

Die Verlagsgruppe
mit Sinn für das Leben

Für die Schwabenverlag AG ist Nachhaltig-
keit ein wichtiger Maßstab ihres Handelns.
Wir achten daher auf den Einsatz umwelt-
schonender Ressourcen und Materialien.
Dieses Buch wurde auf FSC®-zertifiziertem
Papier gedruckt. FSC (Forest Stewardship
Council®) ist eine nicht staatliche, gemein-
nützige Organisation, die sich für eine ökolo-
gische und sozial verantwortliche Nutzung
der Wälder unserer Erde einsetzt.

© 2013 Jan Thorbecke Verlag der Schwabenverlag AG, Ostfildern

Gestaltung: Finken & Bumiller,
Chandima Soysa
Druck: Süddeutsche Verlagsgesellschaft, Ulm
Hergestellt in Deutschland
ISBN 978-3-7995-0763-9

INHALT

Vorwort 7

Die Rezepte

SÜSSE BLECHKUCHEN

Streuselkuchen 10   Butterkuchen 13   Donauwellen 14   Käsekuchen mit Mandarinen 16   Rhabarberkuchen mit Zitronen-Mandelbaiser 19   Mandelkuchen mit saurer Sahne 20   Kirsch-Quark-Kuchen mit Streuseln 21   Pflaumenkuchen 22 Schokoladenkuchen 25   Erdbeer-Buttercreme-Schnitten 26 Getränkter Zitronen- kuchen 28   Nusskuchen mit Schoko-Frischkäse-Creme 31   Bienenstich 32 Rotweinschnitten 34   Schneller Apfelmuskuchen 37   Käsesahneschnitten mit Kirschen 38   Rote-Grütze-Schnitten mit Frischkäse 40   Mandel-Gewürzkuchen 43 Mohnkuchen 44   Kokos-Schnitten mit Johannisbeeren 46   Becherkuchen mit Knusperkruste 48   Marzipankuchen mit Aprikosen und Brombeeren 49 Aprikosenkuchen mit Mandelkruste 50   Friesenschnitten vom Blech 53   Eierlikör- kuchen mit Schoko-Nussboden 54   Linzer Himbeerschnitten 56   Rüblikuchen mit Guss 59   Gedeckter Apfelkuchen 60   Früchtekuchen 62   Frischkäse-Zitronen- Kuchen mit Butterkeksboden 65   Milchreiskuchen mit Rotweinpflaumen 66 Apfelrosen-Kuchen 68   Apfelweinkuchen vom Blech 71

HERZHAFTE BLECHKUCHEN

Mediterraner Gemüsekuchen 74   Zwiebelkuchen 77   Lauchkuchen 78 Käsewähe 79   Kartoffelkuchen 81   Kräuterkuchen „Grüner Garten" 82 Winzerkuchen mit Speck und Äpfeln 84

Register 86

Die Autorin 88

Bildnachweis 88

VORWORT

Ein ganzes Blech voll süßem Kuchen, noch warm aus dem Ofen – das ist Glück pur!

Hier kommen 40 leckere Blechkuchenrezepte für jeden Geschmack und jede Gelegenheit. Perfekt für die große Runde, wenn viele hungrige Naschkatzen am Kaffeetisch sitzen: feine Schnitten mit Erdbeeren, Käsesahne oder Schokolade, schnelle Becherkuchen für eilige Bäcker, überraschend Neues und natürlich die klassischen Kuchenlieblinge wie Donauwellen, Bienenstich, Butter- oder Mohnkuchen. Hier ist für jeden etwas dabei! Auch Backanfänger und Ungeübte können mit diesen Rezepten Erfolge feiern!

Sie mögen gerne Herzhaftes vom Blech? Auch dafür ist gesorgt! Saftiger Zwiebelkuchen, eine herzhafte Käsewähe oder ein pikanter Kartoffelkuchen machen jede noch so hungrige Gästeschar satt und zufrieden.

Ob süß oder herzhaft – spätestens, wenn sich beim Backen der leckere Duft in Haus und Wohnung ausbreitet, werden sich alle auf das erste Kuchenstück freuen!

Viel Spaß beim Backen wünscht

Ira König

SÜSSE BLECHKUCHEN

STREUSELKUCHEN

<u>FÜR 1 BLECH</u>
TEIG:
100 g Butter
500 g Mehl
1 Würfel Hefe
200 ml lauwarme Milch
80 g Zucker
1 Prise Salz
2 Eier

STREUSEL:
350 g Mehl
300 g Zucker
1 Päckchen Vanillezucker
1 Prise Salz
300 g weiche Butter
1 Eigelb
150 ml Schlagsahne

1. Für den Teig die Butter schmelzen und abkühlen lassen. Das Mehl in eine Schüssel geben und eine Mulde hineindrücken. Die Hefe in die Mulde bröckeln und mit 6 EL von der lauwarmen Milch und 1 TL vom Zucker zu einem Vorteig verrühren. Zudecken und ca. 20 Minuten gehen lassen.

2. Den Rest der Milch, den Zucker, das Salz, die Eier und die Butter zugeben und alles zu einem glatten Teig verkneten. Den Teig zugedeckt an einem warmen Ort ca. 45 Minuten gehen lassen.

3. Den Teig nochmals durchkneten und auf einer gefetteten Fettpfanne ausrollen, abdecken und erneut ca. 20 Minuten bei Zimmertemperatur gehen lassen.

4. Für die Streusel das Mehl, den Zucker, den Vanillezucker, das Salz, die Butter und das Eigelb zu Streuseln verkneten. Die Streusel gleichmäßig auf dem Hefeteig verteilen. Den Kuchen im heißen Ofen bei 200 °C 30–35 Minuten backen. Den heißen Kuchen sofort mit der Schlagsahne bestreichen und auskühlen lassen.

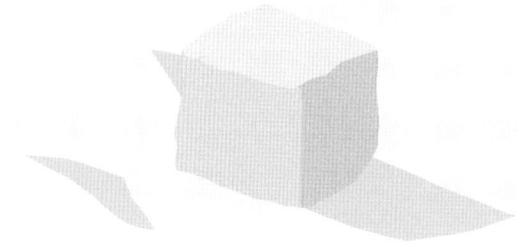

BUTTERKUCHEN

1. Für den Teig das Ei in einem Messbecher verquirlen und mit der Milch auf 300 ml auffüllen. Das Mehl in eine Schüssel geben und eine Mulde hineindrücken. Die Hefe in die Mulde bröckeln und 8 EL Ei-Milch und 1 TL vom Zucker dazugeben. Mit wenig Mehl zu einem Vorteig verrühren und zugedeckt ca. 20 Minuten gehen lassen. Die Butter schmelzen und abkühlen lassen.

2. Die restliche Ei-Milch, den restlichen Zucker, den Vanillezucker, das Salz und die flüssige Butter zugeben und zu einem glatten Teig verkneten. Den Teig zu einer Kugel formen und in der Schüssel zugedeckt an einem warmen Ort ca. 45 Minuten gehen lassen.

3. Den Teig auf der leicht bemehlten Arbeitsfläche mit den Händen durchkneten und auf Backblechgröße ausrollen. Den Teig auf ein gefettetes und bemehltes Blech legen und zugedeckt ca. 15 Minuten bei Zimmertemperatur gehen lassen.

4. Für den Belag die Butter und den Zimt ca. 5 Minuten cremig rühren. Mit den Fingern viele Vertiefungen in den Teig drücken und die Zimt-Butter mit Hilfe von zwei Teelöffeln in den Mulden verteilen. Die Mandeln und den Zucker darüberstreuen. Den Kuchen im vorgeheizten Ofen bei 200 °C 18–20 Minuten backen.

FÜR 1 BLECH

TEIG:
1 Ei
ca. 250 ml lauwarme Milch
500 g Dinkelmehl (Type 630)
1 Würfel Hefe
40 g Zucker
50 g Butter
1 Päckchen Vanillezucker
1 Prise Salz

BELAG:
200 g weiche Butter
1 TL Zimt
150 g Mandelblättchen
150 g Zucker

DONAUWELLEN

FÜR 1 BLECH
500 g weiche Butter
300 g Zucker
1 Prise Salz
5 Eier
400 g Mehl
1 Päckchen Backpulver
7 EL + 500 ml Milch
25 g Kakao
1 Glas Sauerkirschen
(Füllmenge 680 g)
1 Päckchen Puddingpulver
„Vanillegeschmack" (für
500 ml Milch; zum Kochen)
1 Vanilleschote
200 g Zartbitterschokolade
50 g Kokosfett

1. 250 g Butter mit den Schneebesen des Handrührgerätes ca. 3 Minuten cremig rühren. 200 g Zucker und das Salz nach und nach einrieseln lassen und ca. 5 Minuten weiterrühren. Die Eier einzeln zugeben und jeweils sorgfältig unterrühren.

2. Das Mehl und das Backpulver mischen. Die Mehlmischung portionsweise zum Teig sieben und abwechselnd mit 3 EL Milch sorgfältig unterrühren. Zwei Drittel des Teiges auf eine gefettete, mit Mehl bestäubte Fettpfanne geben und gleichmäßig verstreichen.

3. Den übrigen Teig mit dem gesiebten Kakao und 4 EL Milch verrühren und gleichmäßig über den hellen Teig streichen. Die Kirschen abtropfen lassen, auf dem dunklen Teig verteilen und vorsichtig in den Teig drücken. Im vorgeheizten Backofen bei 180 °C Grad ca. 35 Minuten backen. Aus dem Ofen nehmen und auskühlen lassen.

4. Aus 500 ml Milch, 100 g Zucker und dem Puddingpulver nach Packungsanleitung einen Pudding zubereiten. Auf die Oberfläche des noch heißen Puddings ein Stück Frischhaltefolie legen. Den Pudding auskühlen lassen (nicht kalt stellen).

5. Die Vanilleschote längs einritzen und das Vanillemark mit einem Teelöffel herauskratzen. 250 g Butter und das Vanillemark ca. 5 Minuten cremig rühren. Den Pudding esslöffelweise zugeben und jeweils sorgfältig unterrühren. Die Vanille-Buttercreme auf dem Kirschkuchen verstreichen und kalt stellen.

6. Die Schokolade und das Kokosfett hacken und über einem heißen Wasserbad unter Rühren zu einer geschmeidigen Masse schmelzen lassen. Die Schokoladenglasur etwas abkühlen lassen und auf der kalten Buttercreme verstreichen. Mit einem Tortenkamm wellenförmig verzieren.

KÄSEKUCHEN MIT MANDARINEN

FÜR 1 BLECH

2 Dosen Mandarinen
(Abtropfgewicht je 175 g)
4 Eier
1 kg Magerquark
125 ml Schlagsahne
2 Päckchen Puddingpulver
„Vanillegeschmack" (zum
Kochen; für 500 ml Milch)
200 g Zucker
abgeriebene Schale und Saft
von 1 Bio-Zitrone
1 Prise Salz
Puderzucker

1. Die Mandarinen abtropfen lassen. Die Eier trennen. Den Quark, die Sahne und die Eigelbe verrühren. Das Puddingpulver, den Zucker, die Zitronenschale, den Zitronensaft und das Salz einrühren. Die Eiweiße steif schlagen und unterheben.

2. Die Masse in eine gefettete und mit Mehl bestäubte Fettpfanne geben und glatt streichen. Die Mandarinen darauf verteilen und im vorgeheizten Backofen bei 180 °C auf der untersten Schiene 30–35 Minuten backen. Den fertigen Kuchen auskühlen lassen und mit Puderzucker bestäuben.

RHABARBERKUCHEN MIT ZITRONEN-MANDELBAISER

1. Den Rhabarber putzen, waschen und in kleine Stücke schneiden. Die Butter cremig rühren, 175 g Zucker unter Rühren einrieseln lassen. 4 Eier trennen. 4 Eiweiß zur Seite stellen. 2 Eier und 4 Eigelb abwechselnd mit dem Quark unterrühren. Das Mehl, das Backpulver und das Salz mischen. Die Mehlmischung abwechselnd mit der Milch zu der Ei-Quark-Masse geben und unterheben.

2. Den Teig in eine gefettete, mit Mehl ausgestäubte Fettpfanne geben und gleichmäßig verstreichen. Den Rhabarber darauf verteilen und 30–35 Minuten bei 180 °C im vorgeheizten Backofen backen.

3. Die Eiweiße steif schlagen. Dabei 200 g Zucker einrieseln lassen und die Zitronenschale zugeben. Die Mandeln unterheben. Den Kuchen aus dem Ofen nehmen, das steif geschlagene Eiweiß in 24 Klecksen auf dem Kuchen verteilen und diesen ca. 10–15 Minuten weiterbacken. Den fertigen Kuchen auskühlen lassen und mit Puderzucker bestäuben.

FÜR 1 BLECH
1 kg Rhabarber
200 g Butter
375 g Zucker
6 Eier
250 g Speisequark (20 %)
450 g Mehl
1 Päckchen Backpulver
½ TL Salz
8 EL Milch
abgeriebene Schale von
1 Bio-Zitrone
50 g Mandelblättchen
Puderzucker

MANDELKUCHEN MIT SAURER SAHNE

FÜR 1 BLECH

TEIG:

3 Eier

250 g Zucker

300 g Mehl

100 g gemahlene Mandeln

½ Päckchen Backpulver

400 g saure Sahne

BELAG:

150 g Butter

75 g Zucker

150 g Mandelblättchen

1. Für den Teig die Eier trennen. Das Eiweiß steif schlagen, dabei 125 g vom Zucker einrieseln lassen. Das Eigelb und den restlichen Zucker cremig rühren. Das Mehl, die Mandeln und das Backpulver vermengen und abwechselnd mit der sauren Sahne unterrühren. Das Eiweiß unterheben. Den Teig auf eine mit Backpapier ausgelegte Fettpfanne geben und verstreichen. Im vorgeheizten Ofen bei 200 °C ca. 12 Minuten backen.

2. Für den Belag die Butter, den Zucker und die Mandelblättchen in einen Topf geben und die Butter und den Zucker unter Rühren schmelzen lassen. Den vorgebackenen Teig aus dem Ofen nehmen. Die Mandel-Butter-Mischung darauf verteilen und weitere 10–12 Minuten backen.

KIRSCH-QUARK-KUCHEN MIT STREUSELN

1. 450 g Butter schmelzen lassen und vom Herd nehmen. Das Mehl, das Backpulver, 300 g Zucker, ½ TL Salz und den Zimt mischen. Die geschmolzene Butter und 2 Eier zugeben, alles zu einem glatten Teig verkneten und zugedeckt kalt stellen.

2. Die Vanilleschote längs einritzen und das Mark mit einem Teelöffel herauskratzen. 150 g Butter, 200 g Zucker und das Vanillemark cremig rühren. Die Zitrone waschen und trockenreiben. Die Schale abreiben und die Zitrone auspressen. Die Buttermischung, den Quark, die Crème double, den Zitronensaft und die -schale, 4 Eier und die Stärke glatt verrühren.

3. Die Kirschen abtropfen lassen. Die Fettpfanne des Backofens fetten und knapp zwei Drittel des Teiges als Boden darauf festdrücken. Zuerst die Kirschen, dann den Quark darauf verteilen. Den übrigen Teig als Streusel auf dem Kuchen verteilen und im heißen Ofen bei 200 °C 45–50 Minuten backen.

FÜR 1 BLECH
600 g weiche Butter
800 g Mehl
1 TL Backpulver
500 g Zucker
Salz
½ TL Zimt
6 Eier
1 Vanilleschote
1 kleine Bio-Zitrone
1 kg Magerquark
250 g Crème double
60 g Speisestärke
2 Gläser Sauerkirschen
(Abtropfgewicht ca. 350 g)

PFLAUMENKUCHEN

FÜR 1 BLECH

500 g Mehl

7 EL Zucker

1 Prise Salz

1 Ei

1 Päckchen Trockenhefe

80 g Butter

250 ml Milch

1,8 kg Pflaumen/Zwetschgen

1. Das Mehl, 4 EL Zucker, das Salz, das Ei und die Hefe in eine Schüssel geben. Die Butter schmelzen. Die Milch zugießen und lauwarm erwärmen. Das Milch-Butter-Gemisch zum Mehl geben und alles zu einem glatten Teig verkneten. Den Teig ca. 45 Minuten an einem warmen Ort zugedeckt gehen lassen.

2. Die Pflaumen waschen und trockenreiben. Die Pflaumen halbieren und entsteinen. Die Pflaumenhälften oben und unten jeweils ca. 0,5 cm einschneiden.

3. Den Hefeteig durchkneten und auf einem gefetteten Backblech ausrollen. Mit einer Gabel mehrmals einstechen. Den Teig mit Pflaumen belegen und im heißen Ofen bei 200 °C 25–30 Minuten backen. Den fertigen Kuchen mit 3 EL Zucker bestreuen und auskühlen lassen.

SCHOKOLADENKUCHEN

1. 300 g Schokolade hacken und bei schwacher Hitze unter Rühren schmelzen. Vom Herd nehmen und etwas abkühlen lassen.

2. Die Butter ca. 5 Minuten cremig rühren. Unter Rühren den Zucker einrieseln lassen. Die Eigelbe nacheinander sorgfältig unterrühren. Die flüssige Schokolade portionsweise zugeben und sorgfältig unterrühren. Das Kakaopulver, das Mehl, das Backpulver und das Salz mischen und abwechselnd mit dem Kakao und dem Orangensaft unterrühren.

3. Den Teig in eine gefettete, mit Mehl bestäubte Fettpfanne geben, glatt streichen und im vorgeheizten Backofen bei 180 °C 30–35 Minuten backen. Den fertigen Kuchen aus dem Ofen nehmen und auskühlen lassen.

4. 200 g Schokolade hacken und mit der Schlagsahne in einem Topf bei schwacher Hitze unter Rühren schmelzen lassen. Den Schokoguss etwas abkühlen lassen, dann auf dem Kuchen verstreichen und fest werden lassen. Dazu schmecken Vanilleeis und Schlagsahne.

FÜR 1 BLECH
500 g Bitterschokolade
(ca. 70 % Kakaoanteil)
400 g Butter
300 g Zucker
5 Eigelb
75 g Kakaopulver
400 g Mehl
1 Päckchen Backpulver
½ TL Salz
200 ml kalter Kakao
200 ml frisch gepresster Orangensaft
100 ml Schlagsahne

ERDBEER-BUTTER-CREME-SCHNITTEN

FÜR 12 STÜCKE
1 Päckchen Puddingpulver „Vanillegeschmack" (für 500 ml Mich; zum Kochen)
250 g + 2 EL Zucker
500 ml Milch
400 g Butter
6 Eier
160 g Mehl
abgeriebene Schale von ½ Bio-Zitrone
1 EL Zitronensaft
1 kg Erdbeeren
225 g rotes Johannisbeergelee

1. Das Puddingpulver, 100 g Zucker und 100 ml Milch glatt verrühren. 400 ml Milch aufkochen und das angerührte Puddingpulver einrühren und aufkochen. Den Pudding vom Herd nehmen, in eine Schüssel geben und sofort mit Frischhaltefolie abdecken. Bei Zimmertemperatur auskühlen lassen.

2. 100 g Butter schmelzen lassen und vom Herd nehmen. Die Eier trennen. Die Eigelbe und 150 g Zucker ca. 5 Minuten cremig schlagen. Die Eiweiße zu Schnee schlagen. Das Mehl über die Eier-Zucker-Masse sieben und die flüssige Butter zugießen. Das Eiweiß portionsweise unterrühren. Die Biskuitmasse auf ein mit Backpapier ausgelegtes Backblech geben, gleichmäßig verstreichen und im vorgeheizten Backofen bei 180°C 12–15 Minuten backen.

3. Den fertigen Biskuit sofort auf ein mit Zucker bestreutes Geschirrtuch stürzen. Das Backpapier sofort mit kaltem Wasser bepinseln und abziehen. Den Biskuit auskühlen lassen.

4. 300 g zimmerwarme Butter ca. 5 Minuten cremig schlagen. Den Pudding esslöffelweise zugeben und jeweils sorgfältig unterrühren. Die Zitronenschale zugeben und unterrühren. Den Zitronensaft tröpfchenweise zugeben und unterrühren.

5. Die Erdbeeren waschen, trockentupfen und putzen. Die Biskuitplatte quer halbieren. Eine Hälfte mit zwei Dritteln der Zitronenbuttercreme bestreichen. Die zweite Biskuithälfte daraufsetzen und vorsichtig andrücken. Den Rest der Buttercreme auf der Oberfläche verstreichen und die Erdbeeren daraufsetzen. Den Kuchen ca. 2 Stunden kalt stellen.

6. Das Gelee und 2 EL Zucker verrühren und unter Rühren aufkochen. Das Gelee durch ein feines Sieb gießen und unter Rühren auskühlen lassen. Die Erdbeeren mit dem flüssigen Gelee überziehen. Den Kuchen mit einem scharfen Messer in 12 Stücke schneiden.

GETRÄNKTER ZITRONENKUCHEN

FÜR 1 BLECH
6 Bio-Zitronen
225 g weiche Butter
330 g Zucker
½ TL Salz
5 Eier
400 g Mehl
1 Päckchen Backpulver
125 g Schmant
gehackte Pistazien und
Zitronenmelisse zum Verzieren

1. Die Zitronen waschen und trockenreiben. Von den Früchten die Schale abreiben und den Saft auspressen. Die Butter, 180 g Zucker und das Salz ca. 3 Minuten cremig rühren. Die Eier einzeln unterrühren. Die Hälfte der abgeriebenen Schale und 6 EL Zitronensaft unterrühren. Das Mehl und das Backpulver mischen und abwechselnd mit dem Schmant unterarbeiten.

2. Den Teig auf eine mit Backpapier ausgelegte Fettpfanne geben und verstreichen. Im vorgeheizten Backofen bei 180 °C ca. 25 Minuten backen.

3. Den Zitronensaft evtl. mit Wasser auf 150 ml auffüllen und mit 150 g Zucker und der übrigen Zitronenschale ca. 10 Minuten sirupartig einkochen lassen.

4. Den Kuchen aus dem Ofen nehmen und mit einem Holzspießchen mehrmals einstechen. Sofort mit dem Zitronensirup beträufeln. Auskühlen lassen und mit gehackten Pistazien und Zitronenmelisse verzieren. Dazu schmeckt Vanilleeis.

NUSSKUCHEN MIT SCHOKO-FRISCHKÄSE-CREME

1. Die Nüsse in einer Pfanne ohne Fett so lange unter Rühren rösten, bis sie duften. Vom Herd nehmen und auskühlen lassen.

2. Die Butter ca. 3 Minuten cremig rühren. Die Erdnussbutter zugeben und ca. 1 Minute unterrühren. Unter Rühren den Zucker einrieseln lassen. Die Eier nacheinander sorgfältig unterrühren. Die Nüsse, das Mehl, das Backpulver und das Salz mischen und abwechselnd mit der Milch unterrühren.

3. Den Teig in eine gefettete, mit Mehl bestäubte Fettpfanne geben, glatt streichen und im vorgeheizten Backofen bei 180 °C 30–35 Minuten backen. Den fertigen Kuchen aus dem Ofen nehmen und auskühlen lassen.

4. Die Kuvertüre hacken und über einem heißen Wasserbad unter Rühren schmelzen lassen. Die Kuvertüre vom Herd nehmen und etwas abkühlen lassen. Den Frischkäse und den Zitronensaft glatt verrühren. Die flüssige Kuvertüre in drei Portionen unterrühren. Locker auf dem Kuchen verstreichen. Ca. 1 Stunde kalt stellen. Mit Nüssen bestreuen und mit Honig beträufeln.

FÜR 1 BLECH

TEIG:
300 g gemahlene Haselnüsse
300 g weiche Butter
150 g cremige Erdnussbutter
250 g Zucker
5 Eier
250 g Mehl
1 Päckchen Backpulver
½ TL Salz
3–4 EL Milch

SCHOKO-FRISCHKÄSE-CREME:
150 g weiße Kuvertüre
500 g Frischkäse
3 EL Zitronensaft
gehackte Haselnüsse und
flüssiger Honig zum Verzieren

BIENENSTICH

FÜR 1 BLECH

TEIG:

500 g Mehl

250 ml Milch

1 Würfel Hefe

50 g Zucker

60 g geschmolzene Butter

2 Eier

MANDELBELAG:

125 g Butter

125 g Zucker

1 Päckchen Vanillezucker

3 EL Schlagsahne

200 g Mandelblättchen

FÜLLUNG:

2 Päckchen Puddingpulver „Vanillegeschmack" (zum Kochen; für je 500 ml Milch)

800 ml Milch

100 g Zucker

150 g weiche Butter + etwas zum Fetten der Form

1. Das Mehl in eine Schüssel geben und eine Mulde hineindrücken. Die Milch lauwarm erwärmen und 8 EL Milch in die Mulde geben. Die Hefe hineinbröckeln und mit ½ TL vom Zucker und etwas Mehl vom Rand zu einem Vorteig verrühren. Zugedeckt an einem warmen Ort ca. 20 Minuten gehen lassen.

2. Die übrige Milch, den übrigen Zucker, die Butter und die Eier zum Vorteig geben und alles zu einem glatten Teig verkneten. Den Teig zugedeckt an einem warmen Ort ca. 45 Minuten gehen lassen.

3. Für den Mandelbelag die Butter, den Zucker, den Vanillezucker und die Sahne unter Rühren langsam aufkochen. Die Mandeln unterrühren. Die Masse abkühlen lassen, ab und zu umrühren.

4. Aus dem Puddingpulver, der Milch und dem Zucker nach Packungsanweisung einen festen Pudding kochen. Sofort die Oberfläche mit Frischhaltefolie belegen und auf Zimmertemperatur abkühlen lassen. Die Butter cremig rühren und den Pudding esslöffelweise unterrühren. Die Creme zugedeckt kühl stellen.

5. Den Teig nochmals durchkneten und auf einer bemehlten Arbeitsfläche in der Größe der Fettpfanne ausrollen. Den Teig in die gefettete Fettpfanne geben und mit der Mandelmasse bestreichen. Im heißen Ofen bei 200 °C 15–20 Minuten backen. Auskühlen lassen.

6. Den Kuchen vierteln und die Viertel jeweils quer halbieren. Die Böden mit der Creme füllen und zusammensetzen. Die Kuchenviertel in je 4 Stücke schneiden und ca. 1 Stunde kalt stellen.

ROTWEINSCHNITTEN

FÜR 1 BLECH

250 g Butter

600 g Puderzucker

5 Eier

350 g Mehl

1 Päckchen Backpulver

2 EL Kakao

1 TL Zimt (gemahlen)

½ TL Nelken (gemahlen)

180 ml + 7–9 EL trockener Rotwein

2 EL brauner Rum

1 Prise Salz

100 g gehackte Mandeln

100 g Zartbitter-Schokolade (fein gehackt)

rote Speisefarbe (Tube)

1. Die Butter cremig rühren. 250 g Puderzucker nach und nach unterrühren. Die Eier trennen. Die Eigelbe nach und nach unterrühren. Das Mehl, das Backpulver, den Kakao, den Zimt und die Nelken mischen und abwechselnd mit 180 ml Rotwein und Rum unterrühren. Die Eiweiße und das Salz steif schlagen und mit einem Schneebesen unterheben. Die Mandeln und die Schokolade zügig unterheben.

2. Den Teig auf eine gefettete, mit Mehl ausgestäubte Fettpfanne geben und gleichmäßig verstreichen. Im heißen Ofen bei 180 °C ca. 30 Minuten backen. Den fertigen Kuchen herausnehmen und auskühlen lassen.

3. 350 g Puderzucker und 7–9 EL Rotwein zu einem Guss verrühren. Mit einigen Tropfen Speisefarbe einfärben. Den Guss auf der Kuchenoberfläche verstreichen und fest werden lassen.

SCHNELLER APFELMUSKUCHEN

1. Die Eier trennen. Das Eiweiß und das Salz steif schlagen, dabei 150 g Zucker einrieseln lassen. Die Eigelbe einzeln unterrühren. Das Mehl und das Backpulver mischen, darübersieben und zügig unterheben. Die Masse auf ein mit Backpapier ausgelegtes Backblech geben und verstreichen. Im heißen Ofen bei 200 °C 15–20 Minuten backen. Den fertigen Kuchenboden auskühlen lassen.

2. Die Sahne und 3 EL Zucker steif schlagen, mit dem Schmant und der Zitronenschale verrühren. Das Apfelmus auf dem Biskuit verteilen und die Schmant-Sahne locker daraufstreichen. Den Kuchen mindestens 2 Stunden kalt stellen und anschließend mit Schokoraspel bestreuen.

FÜR 1 BLECH
5 Eier
Salz
150 g + 3 EL Zucker
175 g Mehl
1 Päckchen Backpulver
400 g Schlagsahne
300 g Schmant
1 TL abgeriebene
Bio-Zitronenschale
1 großes Glas Apfelmus
(Füllmenge 700 g)
Schokoladenraspel zum
Verzieren

KÄSESAHNESCHNITTEN MIT KIRSCHEN

FÜR CA. 20 STÜCKE

BISKUIT:

60 g Butter

6 Eier

130 g feiner Zucker

150 g Mehl

CREME:

2 Gläser Sauerkirschen
(à 720 ml)

12 Blatt weiße Gelatine

1 Bio-Zitrone

1 kg Magerquark

180 g Puderzucker

600 g Schlagsahne

2 Päckchen Vanillezucker

Zitronenmelisse

1. Für den Biskuit die Butter schmelzen und vom Herd nehmen. Die Eier trennen. Die Eigelbe, 5 EL heißes Wasser und 100 g Zucker ca. 5 Minuten dickcremig aufschlagen. Flüssige Butter tröpfchenweise unter Rühren zugeben. Die Eiweiße steif schlagen, dabei den übrigen Zucker einrieseln lassen. Den Eischnee unterheben. Das Mehl portionsweise darübersieben und unterheben. Die Masse auf ein mit Backpapier ausgelegtes Backblech geben und im vorgeheizten Backofen bei 200°C 15–18 Minuten backen. Den fertigen Biskuit auf ein mit Zucker bestreutes Geschirrtuch stürzen. Das Backpapier sofort abziehen. Den Biskuit auskühlen lassen.

2. Für die Creme die Kirschen abtropfen lassen. Die Gelatine einweichen. Die Zitrone heiß waschen, trockenreiben und die Schale fein abreiben. Den Saft auspressen. Den Quark, den Puderzucker, den Zitronensaft und die -schale glatt verrühren. Die Sahne und den Vanillezucker steif schlagen und kalt stellen. Die Gelatine tropfnass auflösen. 4–5 EL Quarkcreme in die warme Gelatine rühren. Die Gelatinemischung unter die übrige Quarkcreme rühren. Wenn die Creme zu gelieren beginnt, zuerst die Kirschen, dann die Sahne unterheben.

3. Den abgekühlten Biskuit wieder auf das Backblech legen oder (je nach Größe des Kühlschrankes) quer halbieren und auf Kuchenplatten setzen. Die Käse-Kirsch-Masse gleichmäßig darauf verstreichen und ca. 3 Stunden kalt stellen. Den fertigen Kuchen in Stücke schneiden und mit Melisseblättchen verzieren.

ROTE-GRÜTZE-SCHNITTEN MIT FRISCHKÄSE

FÜR 1 BLECH

200 g Butter
225 g Zucker
5 Eier
300 g Mehl
1 Päckchen Backpulver
3 EL Milch
14 Blatt weiße Gelatine
500 g Magerquark
500 g Frischkäse
2 Päckchen Vanillezucker
3 EL Zitronensaft
200 g Schlagsahne
1,5 kg Rote Grütze (Kühlregal)
Zitronenmelisse zum Verzieren

1. Butter und 125 g Zucker cremig rühren. Die Eier einzeln unterrühren. Das Mehl und das Backpulver mischen und abwechselnd mit der Milch unterrühren. Den Teig auf ein gefettetes Backblech streichen und im heißen Ofen bei 200 °C 20–25 Minuten backen. Herausnehmen und auskühlen lassen.

2. 6 Blatt Gelatine kalt einweichen. Den Quark, den Frischkäse, 100 g Zucker, den Vanillezucker und den Zitronensaft glatt rühren. Die Gelatine tropfnass auflösen und mit 2 EL Frischkäsecreme verrühren, dann unter die übrige Creme rühren. Sobald die Creme zu gelieren beginnt, die Sahne steif schlagen und unterheben. Die Creme auf den Boden streichen und 2 Stunden kalt stellen.

3. 8 Blatt Gelatine kalt einweichen. Die Gelatine tropfnass auflösen und mit 5 EL Rote Grütze verrühren. Dann die Gelatinemischung unter die übrige Grütze rühren und auf der Frischkäsemasse verteilen. 3 Stunden kalt stellen. Den fertigen Kuchen mit Melisse verzieren.

MANDEL-GEWÜRZKUCHEN

1. Die Schokolade grob hacken und bei schwacher Hitze unter Rühren schmelzen lassen. Vom Herd nehmen. Die Butter cremig rühren. Zuerst den Honig, dann die flüssige Schokolade unter Rühren zugießen und sorgfältig verrühren.

2. Die Eier trennen. Die Eigelbe einzeln zugeben und unterarbeiten. Das Mehl, die Mandeln, das Backpulver, die Gewürze und das Salz vermengen. Die Mehlmischung abwechselnd mit der Milch und 2 TL Zitronensaft unterarbeiten.

3. Die Fettpfanne mit Backpapier auslegen. Das Eiweiß zu Eischnee schlagen und in zwei Portionen vollständig unter den Kuchenteig arbeiten. Den Teig auf dem Backblech gleichmäßig verstreichen und im vorgeheizten Backofen bei 180 °C auf der untersten Schiene 25 Minuten backen. Herausnehmen und auskühlen lassen.

4. Den Puderzucker, 2 EL Zitronensaft und 2–3 EL Orangensaft glatt verrühren und den Kuchen damit bestreichen. Die Mandeln sofort gleichmäßig auf dem Guss verteilen und den Guss fest werden lassen.

FÜR 1 BLECH

150 g Zartbitter-Schokolade (60 % Kakao)
400 g weiche Butter
250 g flüssiger Honig
6 Eier
400 g Mehl
100 g gemahlene Mandeln
1 Päckchen Backpulver
je 1 gestrichener TL Koriander, Zimt, Piment und Muskatblüte (gemahlen)
1 Prise Salz
125 ml Milch
2 TL + 2 EL frisch gepresster Zitronensaft
200 g Puderzucker
2–3 EL frisch gepresster Orangensaft
ca. 20 Mandelkerne (ungeschält)

MANDEL-GEWÜRZKUCHEN

FÜR 1 BLECH
400 g Mehl
1 TL Backpulver
375 g Zucker
4 Eier
550 g kalte Butter
1 l Milch
200 g gemahlener Mohn
(Reformhaus)
100 g Grieß
100 g Rosinen
750 g Magerquark
1 Prise Salz
abgeriebene Schale von
½ Bio-Zitrone
1 EL Speisestärke
evtl. Puderzucker

1. Das Mehl, das Backpulver, 75 g Zucker, 2 Eier und 200 g Butter zu einem glatten Teig verkneten und kalt stellen.

2. Die Milch, den Mohn, den Grieß und 100 g Zucker verrühren und unter Rühren langsam aufkochen. Die Rosinen und 250 g Butter in Stückchen zugeben und die Butter unter Rühren schmelzen lassen. Die Mohnmasse abkühlen lassen, dabei gelegentlich umrühren.

3. 100 g Butter schmelzen. 2 Eier trennen. Die Eiweiße steif schlagen, dabei nach und nach 100 g Zucker einrieseln lassen. Den Quark, 100 g Zucker, die flüssige Butter, die Eigelbe, das Salz, die Zitronenschale und die Stärke glatt verrühren. Den Eischnee unterheben.

4. Drei Viertel des Teiges zwischen zwei aufgeschnittenen großen Gefrierbeuteln auf die Größe der Fettpfanne ausrollen. Die obere Folie abziehen und den Teig umgedreht in die gefettete Fettpfanne legen. Den Teig leicht andrücken, die Folie abziehen.

5. Zuerst die Quarkmasse auf dem Teig glatt streichen. Dann die Mohnmasse mit einem großen Löffel daraufgeben und glatt streichen. Den übrigen Teig als Streusel auf der Mohnmasse verteilen. Im vorgeheizten Backofen bei 200 °C ca. 45 Minuten auf der untersten Schiene backen. Den fertigen Kuchen erst im ausgeschalteten Ofen ca. 10 Minuten ruhen, dann auf einem Rost abkühlen lassen. Den Kuchen evtl. mit Puderzucker bestäuben.

KOKOS-SCHNITTEN MIT JOHANNISBEEREN

FÜR 1 BLECH

BRÖSELBODEN:
200 g Butter
150 g Kokoszwieback
300 g Zwieback

BELAG:
200 ml Orangensaft (frisch
gepresst)
75 ml Orangenlikör
500 g Magerquark
500 g Mascarpone (beste
Qualität)
175 g Puderzucker
3 EL Zitronensaft
1 Glas (225 g) Johannisbeergelee
20 Kokoszwiebäcke
Johannisbeeren und Kokoschips
zum Verzieren

1. Für den Boden die Butter schmelzen und vom Herd nehmen. Beide Sorten Zwieback in der Küchenmaschine fein
zerbröseln. Die Brösel und die Butter verkneten und als Boden
auf ein Backblech drücken. Kalt stellen.

2. Für den Belag den Orangensaft und den Likör aufkochen
und offen ca. 5 Minuten köcheln lassen. Den Quark, den
Mascarpone, den Puderzucker und den Zitronensaft glatt verrühren.

3. Das Gelee glatt rühren und den Bröselboden damit bestreichen. Die Kokoszwiebäcke mit etwas Abstand gleichmäßig
darauf verteilen und mit der Orangensaftmischung beträufeln.
Die Mascarponecreme darauf verstreichen. Den Kuchen
mindestens 6 Stunden, besser über Nacht kalt stellen. Den
Kuchen in 20 Stücke schneiden und die Stücke mit Johannisbeeren und Kokoschips verzieren.

BECHERKUCHEN MIT KNUSPERKRUSTE

FÜR 1 BLECH

TEIG:
1 Becher (250 ml) Schlagsahne
1 Becher Zucker
½ TL Salz
4 Eier
2 Becher Dinkelmehl (Type 630)
1 Päckchen Backpulver
1 TL Zimt

BELAG:
1 Becher Schlagsahne
½ Becher Zucker
4 Becher Cornflakes
1 Becher Mandelblättchen

1. Für den Teig die Sahne in eine Schüssel gießen. Den Becher auswaschen und trocknen. Die Sahne halb steif schlagen. Den Zucker und das Salz zugeben und unterrühren. Die Eier nach und nach zugeben. Das Mehl, das Backpulver und den Zimt mischen. Die Mehlmischung unterrühren. Den Teig auf ein mit Backpapier ausgelegtes Backblech streichen und im heißen Ofen bei 200 °C ca. 10 Minuten vorbacken.

2. Für den Belag die Sahne und den Zucker unter Rühren aufkochen. Die Cornflakes und die Mandelblättchen mischen. Die Cornflakes-Mischung zügig auf dem vorgebackenen Kuchen verteilen und mit der Sahnemischung beträufeln. Den Kuchen weitere 10–12 Minuten backen, abkühlen lassen und frisch servieren.

MARZIPANKUCHEN MIT APRIKOSEN UND BROMBEEREN

1. Die Aprikosen waschen, halbieren und entsteinen. Die Brombeeren verlesen, waschen und abtropfen lassen. Die Butter, den Zucker, das Salz und das Marzipan in Stückchen cremig rühren. Die Eier einzeln unterrühren. Das Mehl und das Backpulver mischen und abwechselnd mit der Milch unterrühren.

2. Den Teig auf ein gefettetes, mit Mehl bestäubtes Backblech geben und verstreichen. Die Aprikosenhälften mit der Wölbung nach unten und die Brombeeren auf dem Teig verteilen. Im vorgeheizten Backofen bei 180 °C ca. 50 Minuten backen. Den fertigen Kuchen aus dem Ofen nehmen, auskühlen lassen und mit Hagelzucker bestreuen.

FÜR 1 BLECH

1,8 kg Aprikosen
400 g Brombeeren
250 g weiche Butter
225 g Zucker
½ TL Salz
200 g Marzipanrohmasse
5 Eier
300 g Mehl
1 TL Backpulver
2–3 EL Milch
3-4 EL Hagelzucker

49

APRIKOSENKUCHEN MIT MANDELKRUSTE

FÜR 1 BLECH

1 kg frische Aprikosen

6 Eier

Salz

150 g + 3 EL Zucker

75 g Mehl

200 g gemahlene Mandeln

1 TL Backpulver

3 EL Apricot Brandy (oder Orangensaft)

1 EL Zitronensaft

6 EL Sonnenblumenöl

150 g Mandelstifte

Puderzucker zum Bestäuben

1. Die Aprikosen waschen, trockentupfen, halbieren und entsteinen. Die Eier trennen, das Eiweiß steif schlagen. Dabei 1 Prise Salz und 150 g Zucker einrieseln lassen. Die Eigelbe nacheinander unterrühren. Das Mehl, die gemahlenen Mandeln und das Backpulver mischen und sorgfältig unter die Eimasse heben.

2. Den Apricot Brandy und den Zitronensaft verrühren und mit dem Öl unter den Teig rühren. Den Teig auf eine gefettete, mit Mehl ausgestäubte Fettpfanne oder ein Backblech geben und darauf verstreichen. Die Aprikosenhälften mit der Wölbung nach unten daraufsetzen. Die Mandelstifte und 3 EL Zucker darüberstreuen. Den Kuchen bei 200 °C im heißen Ofen ca. 25 Minuten backen. Auskühlen lassen und mit Puderzucker bestäuben.

FRIESENSCHNITTEN VOM BLECH

1. Die Blätterteigblätter nebeneinander auftauen lassen. Das Pflaumenmus und den Schnaps verrühren.

2. 250 g Blätterteig übereinanderlegen und dünn ausrollen. Mit Ausstechformen 24 Motive (z.B. Herzen) ausstechen. Die Motive auf ein mit Backpapier ausgelegtes Backblech legen und ca. 15 Minuten backen. Herausnehmen und auskühlen lassen.

3. 500 g Blätterteig übereinanderlegen und in Blechgröße ausrollen. Das Blech kalt abspülen und den Blätterteig darauflegen. Den Blätterteig mit einer Gabel mehrmals einstechen und ca. 25 Minuten backen. Aus dem Ofen nehmen und auskühlen lassen.

4. Die Sahne und den Zucker steif schlagen. Dabei das Sahnesteif einrieseln lassen. Sahne ca. 30 Minuten kalt stellen. Zuerst das Pflaumenmus, dann die Sahne auf den Blätterteigboden streichen, anschließend Kuchen in Stücke schneiden. Die Stücke mit den Blätterteigherzen belegen und sofort servieren.

FÜR 1 BLECH
750 g TK-Blätterteig
500 g Pflaumenmus
4 EL Pflaumenschnaps
600 g Schlagsahne
3 EL Zucker
2 Päckchen Sahnesteif

EIERLIKÖRKUCHEN MIT SCHOKO-NUSSBODEN

FÜR 1 BLECH

150 g Zartbitter-Schokolade
125 g Butter
125 g + 6 EL Zucker
Salz
8 Eier
300 g gemahlene Haselnüsse
2 TL Backpulver
3 EL brauner Rum
8 Blatt weiße Gelatine
2 Päckchen Puddingpulver
»Vanillegeschmack« (zum
Kochen; für 500 ml Milch)
800 ml Milch
500 g Schlagsahne
2 Päckchen Sahnesteif
12 EL Eierlikör

1. Die Schokolade fein reiben. Die Butter, 100 g Zucker und etwas Salz verrühren. Die Eier trennen. Das Eiweiß steif schlagen, dabei 25 g Zucker einrieseln lassen. Die Eigelbe nach und nach unter die Buttermischung rühren. Die Nüsse und das Backpulver mischen. Den Rum, die Nussmischung und die geriebene Schokolade unter die Eigelbmasse rühren. Den Eischnee unterheben. Die Masse auf eine gefettete, mit Mehl ausgestäubte Fettpfanne geben. Im heißen Ofen bei 180 °C 20–25 Minuten backen. Aus dem Ofen nehmen und auskühlen lassen.

2. Die Gelatine einweichen. Das Puddingpulver, 4 EL Zucker und 150 ml von der Milch glatt verrühren. Die übrige Milch zum Kochen bringen. Das angerührte Puddingpulver einrühren und unter Rühren aufkochen lassen. Vom Herd nehmen. Die Gelatine abtropfen lassen und in den heißen Pudding rühren. Den Pudding unter Rühren etwas abkühlen lassen und auf dem Schokoboden verstreichen. Auskühlen lassen.

3. Die Schlagsahne und 2 EL Zucker steif schlagen. Das Sahnesteif einrieseln lassen. Die Sahne auf dem Kuchen locker verteilen. Den Eierlikör mit einem Löffel auf der Sahne verteilen. Den Kuchen 2 Stunden kalt stellen.

LINZER HIMBEERSCHNITTEN

FÜR 1 BLECH
375 g Mehl
350 g gemahlene Mandeln
350 g Butter
2 Eier
250 g feiner Zucker
2 TL Zimt
½ TL Salz
500 g Himbeer-Konfitüre
2 EL Zitronensaft
Puderzucker

1. Das Mehl, die Mandeln, die Butter in Stückchen, die Eier, den Zucker, den Zimt und das Salz zu einem glatten Teig verkneten. Zu einer Kugel formen, in Frischhaltefolie wickeln und 1 Stunde kalt stellen.

2. Auf einer bemehlten Arbeitsfläche zwei Drittel des Teiges in Blechgröße ausrollen und auf ein mit Backpapier belegtes Backblech geben. Die Konfitüre und den Zitronensaft verrühren und auf dem Teig verstreichen. Den übrigen Teig ca. 5 mm dick ausrollen und zu 1,5 cm breiten langen Streifen schneiden. Die Teigstreifen gitterförmig auf die Konfitüre legen. Den Kuchen im heißen Ofen bei 180 °C 30–35 Minuten backen. Den Kuchen auskühlen lassen und mit Puderzucker bestäuben. Dazu schmeckt Vanilleeis.

RÜBLIKUCHEN MIT GUSS

1. Die Möhren putzen, schälen und fein raspeln. Die Zucchini putzen, waschen und fein raspeln. Das Gemüse mit dem Zitronensaft vermengen. Die Butter cremig rühren. Den Zucker und das Salz unter Rühren einrieseln lassen. Die Eier nacheinander unterrühren.

2. Das Mehl, das Backpulver, die Mandeln und die Nüsse vermengen und mit 3 EL Orangensaft portionsweise zur Butter geben und unterrühren. Die Möhren und die Zucchini unterheben. Den Teig in eine gefettete, mit Mehl ausgestäubte Fettpfanne geben und gleichmäßig verstreichen. Im vorgeheizten Backofen bei 180 °C 25–30 Minuten backen. Herausnehmen und auskühlen lassen.

3. Den Puderzucker und den übrigen Orangensaft zu einem glatten Guss verrühren und auf dem Kuchen verstreichen. Den Kuchen sofort mit Pistazien und Zuckermöhrchen verzieren, dann den Guss fest werden lassen.

FÜR 1 BLECH
350 g Möhren
150 g Zucchini
3 EL Zitronensaft
250 g weiche Butter
300 g Zucker
½ TL Salz
8 Eier
300 g Mehl
1 Päckchen Backpulver
200 g gemahlene Mandeln
100 g gemahlene Haselnüsse
10 EL frisch gepresster Orangensaft
250 g Puderzucker
gehackte Pistazien und Zuckermöhrchen zum Garnieren

GEDECKTER APFELKUCHEN

FÜR 1 BLECH
75 g Rosinen

3 EL brauner Rum

750 g Mehl

2 TL Backpulver

350 g Butter

250 g Zucker

3 Eier

1 Prise Salz

2 kg säuerliche Äpfel

½ TL gemahlener Zimt

2 Zitronen

50 g gehackte Mandeln

50 g Zwieback

200 g Puderzucker

1. Die Rosinen mit dem Rum übergießen. Das Mehl und das Backpulver mischen. Die Butter in Stückchen, 150 g Zucker, die Eier und das Salz zugeben und alles zu einem glatten Teig verkneten. Den Teig in einen großen (6 Liter) Gefrierbeutel geben, flachdrücken und 1 Stunde kalt stellen.

2. Die Äpfel schälen, vierteln, entkernen und quer in dünne Scheiben schneiden. 100 g Zucker und den Zimt mischen. 1 Zitrone heiß waschen, trocknen und die Schale fein abreiben. Beide Zitronen auspressen. 4 EL Zitronensaft für den Guss abnehmen und zur Seite stellen. Den übrigen Zitronensaft, die Äpfel, die Zitronenschale, den Zimt-Zucker, die Mandeln und die Rumrosinen in einer großen Schüssel sorgfältig mischen.

3. Den Zwieback in einen Gefrierbeutel geben und mit einer Küchenrolle fein zerbröseln (oder im Blitzhacker). Den Teig halbieren und eine Hälfte zwischen zwei aufgeschnittenen großen Gefrierbeuteln auf die Größe der Fettpfanne ausrollen. Eine Hälfte in die gefettete Fettpfanne legen und mit einer Gabel mehrmals einstechen. Zuerst die Zwiebackbrösel, dann die Äpfel gleichmäßig auf dem Teig verteilen.

4. Den übrigen Teig ebenso ausrollen und auf die Äpfel legen, leicht andrücken. Im heißen Backofen bei 200 °C auf der zweiten Schiene von unten 50 Minuten backen. Den fertigen Kuchen erst im ausgeschalteten Ofen 10 Minuten ruhen, dann auf einem Rost abkühlen lassen.

5. Den Puderzucker und den übrigen Zitronensaft zu einem
Guss verrühren und den warmen Kuchen damit bestreichen.
Den Guss trocknen lassen.

FRÜCHTEKUCHEN

FÜR 1 BLECH

2 Äpfel

200 g getrocknete Pflaumen

150 g kandierte Kirschen

200 g Orangeat und Zitronat

600 g Korinthen und Sultaninen

75 g kandierter Ingwer (fein
gehackt)

Saft und abgeriebene Schale
von 2 Bio-Orangen

200 ml Whiskey

300 g weiche Butter

250 g brauner Zucker

6 Eier

100 g gemahlene Mandeln

400 g Mehl

1 Päckchen Lebkuchengewürz (15 g)

½ TL Salz

kandierte Kirschen zum Verzieren

1. Die Äpfel waschen, vierteln, entkernen und grob raspeln. Die Pflaumen in Würfel schneiden. Die Kirschen grob hacken. Die Äpfel, die Pflaumen, die Kirschen, das Orangeat, das Zitronat, die Korinthen, die Sultaninen, den Ingwer, den Orangensaft, die Orangeschale und den Whiskey vermengen. Die Früchte über Nacht zugedeckt ziehen lassen.

2. Die Butter und den Zucker cremig rühren. Die Eier einzeln unterrühren. Die Mandeln, das Mehl, das Gewürz und das Salz vermischen, portionsweise unterarbeiten. Den Früchtemix sorgfältig unterheben. Den Teig auf eine mit Backpapier ausgelegte Fettpfanne geben und verstreichen. Mit kandierten Kirschen verzieren. Im vorgeheizten Backofen bei 160 °C ca. 30 Minuten backen.

3. Die Temperatur auf 120 °C herunterschalten und den Kuchen weitere ca. 70 Minuten backen. Herausnehmen und auskühlen lassen. Den Kuchen in Alufolie wickeln und ca. 2 Tage ziehen lassen. Der Kuchen hält sich kühl gelagert ca. 3 Wochen.

FRISCHKÄSE-ZITRONEN-KUCHEN MIT BUTTERKEKSBODEN

1. Die Butterkekse in der Küchenmaschine fein zerbröseln und mit der Butter verkneten. Zwei Drittel der Brösel als Boden in eine Fettpfanne drücken. Kalt stellen.

2. Den Frischkäse mit dem Zucker, dem Salz und dem Zitronensaft verrühren. Die Götterspeise mit 250 ml Wasser anrühren und 10 Minuten quellen lassen. Dann unter Rühren erhitzen, aber nicht kochen.

3. Die Götterspeise abkühlen lassen und unter die Frischkäsemasse rühren. Die Sahne mit dem Sahnesteif und dem Vanillezucker steif schlagen und unter die Frischkäsecreme heben. Die Masse auf dem Bröselboden verteilen und glatt streichen. Die übrigen Keksbrösel auf der Frischkäsemasse verteilen. Den Kuchen ca. 2 Stunden kalt stellen.

FÜR 1 BLECH

600 g Butterkekse
300 g weiche Butter
600 g Doppelrahm-Frischkäse
180 g Zucker
1 Prise Salz
Saft von 1 Zitrone
1 Päckchen Götterspeise „Zitronengeschmack"
500 g Schlagsahne
2 Päckchen Sahnesteif
2 Päckchen Vanillezucker

MILCHREISKUCHEN MIT ROTWEINPFLAUMEN

FÜR 1 BLECH

200 g Butter
250 g Zwieback
200 g Amarettini
1,8 l Milch
150 g + 4 EL Zucker
2 Päckchen Vanillezucker
1 Stück Bio-Zitronenschale
½ TL Salz
400 g Milchreis
14 Blatt weiße Gelatine
600 g Schlagsahne
1 kg Pflaumen/Zwetschgen
250 ml trockener Rotwein
1 Zimtstange
evtl. Speisestärke zum Binden

1. Die Butter schmelzen und vom Herd nehmen. Den Zwieback und die Amarettini in der Küchenmaschine fein zerbröseln. Die Brösel und die Butter verkneten und als Boden auf ein Backblech drücken. Kalt stellen.

2. Die Milch mit 100 g Zucker, dem Vanillezucker, der Zitronenschale und dem Salz aufkochen. Den Milchreis zugeben und unter gelegentlichem Rühren 20–25 Minuten bei mittlerer Hitze garen. Den Reis vom Herd nehmen und ca. 10 Minuten quellen lassen.

3. Die Gelatine in kaltem Wasser einweichen. Den fertigen Reis vom Herd nehmen, die Zitronenschale entfernen und den Reis unter Rühren etwas abkühlen lassen. Die Gelatine tropfnass auflösen und mit 3 EL Milchreis verrühren. Die Gelatinemischung sorgfältig unter den übrigen Reis rühren.

4. Die Sahne mit 50 g Zucker steif schlagen. Wenn der Reis lauwarm abgekühlt ist, die Sahne unterheben. Die Masse gleichmäßig auf den Bröselboden streichen und ca. 2 Stunden kalt stellen.

5. Die Pflaumen waschen und entkernen. Die Pflaumen, den Rotwein, 4 EL Zucker und die Zimtstange in einem Topf aufkochen und 8–10 Min. köcheln lassen. Die Rotweinpflaumen evtl. mit Speisestärke binden. Das Kompott auskühlen lassen. Den Kuchen in Stücke schneiden und jeweils mit etwas Kompott anrichten.

APFELROSEN-KUCHEN

FÜR 1 BLECH

125 g getrocknete Sauerkirschen
8 EL Birnenbrand
200 g weiche Butter
780 g Mehl
150 g Zucker
1 Prise Salz
1 ½ Würfel Hefe
300 ml lauwarme Milch
1 Ei
800 g säuerliche Äpfel
Saft von 1 Zitrone
100 g gehackte Mandeln
2 EL Ahornsirup
5 EL brauner Zucker
5 EL Quittengelee

1. Die Sauerkirschen etwas kleiner hacken und mit 5 EL Birnenbrand begießen. 150 g Butter schmelzen. Das Mehl, den Zucker und das Salz mischen. Die Hefe in die lauwarme Milch bröckeln und unter Rühren darin auflösen. Die Hefemilch zur Mehlmischung geben und glatt verrühren. Die geschmolzene Butter und das Ei nach und nach unterarbeiten und alles zu einem glatten Teig verkneten. Den Teig zugedeckt an einem warmen Ort ca. 1 Stunde gehen lassen.

2. Die Äpfel schälen, klein würfeln und mit Zitronensaft beträufeln. Den Teig auf einer bemehlten Arbeitsfläche nochmals durchkneten. Den Teig halbieren und zu zwei Quadraten (ca. 40 x 40 cm) ausrollen. Die Äpfel, die Sauerkirschen, die Mandeln, den Ahornsirup und 3 EL braunen Zucker vermengen. Die Masse auf den Teigquadraten verteilen, diese aufrollen und in je 15 Scheiben schneiden.

3. Die Fettpfanne mit Backpapier auslegen und die Teigrosen dicht an dicht in die Fettpfanne setzen. Mit 2 EL braunem Zucker bestreuen und mit 50 g Butter in Flöckchen belegen. Im vorgeheizten Ofen bei 180 °C 40–45 Minuten backen.

4. Das Quittengelee und 3 EL Birnenbrand unter Rühren in einem Topf erwärmen. Den fertigen Kuchen aus dem Ofen nehmen und sofort mit der Geleemischung bestreichen. Den Kuchen auskühlen lassen.

APFELWEINKUCHEN VOM BLECH

1. Die Butter, 250 g Zucker und das Salz cremig rühren. Die Eier nacheinander unterrühren. Das Mehl und das Backpulver mischen, darübersieben und unterrühren. Den Teig auf eine gefettete Fettpfanne geben, gleichmäßig verstreichen und 20–25 Minuten bei 180 °C im vorgeheizten Ofen goldbraun backen. Aus dem Ofen nehmen und abkühlen lassen.

2. Die Äpfel schälen, vierteln, entkernen und in Würfel schneiden. Mit Zitronensaft beträufeln. Aus 150 g Zucker, dem Vanillezucker, dem Apfelwein, dem Calvados, dem Zimt und dem Puddingpulver nach Packungsanweisung einen Pudding zubereiten. Die Apfelwürfel unterheben, unter Rühren aufkochen. Die Masse gleichmäßig auf den Rührteig streichen. Bei gleicher Temperatur ca. 40 Minuten backen. Den Kuchen aus dem Ofen nehmen und auskühlen lassen. Dazu schmeckt Schlagsahne.

FÜR CA. 24 STÜCKE

300 g weiche Butter
400 g Zucker
½ TL Salz
5 Eier
300 g Mehl
1 Päckchen Backpulver
1,8 kg säuerliche Äpfel
Saft von 1 Zitrone
2 Päckchen Vanillezucker
800 ml Apfelwein
100 ml Calvados (Apfelbrand)
1 TL Zimt
3 Päckchen Puddingpulver „Vanillegeschmack" (zum Kochen; für 500 ml Flüssigkeit)

HERZHAFTE BLECHKUCHEN

MEDITERRANER GEMÜSEKUCHEN

FÜR 1 BLECH

TEIG:

500 g Mehl

225 g kalte Butter

1 TL Salz

1 EL getrocknete italienische Kräuter

1 Ei

4 EL kaltes Wasser

BELAG:

1 mittelgroße Zucchini

2 rote Paprikaschoten

250 g grüner Spargel

125 g Champignons

2 rote Zwiebeln

5 EL Öl

2 Rosmarinzweige

Salz und Pfeffer

3 Eier

300 g Schmant

50 g geriebener Parmesankäse

300 g Ziegenkäserolle

1. Das Mehl, die Butter in Stücken, das Salz, die Kräuter, das Ei und das kalte Wasser zu einem glatten Teig verkneten. In Folie wickeln und kalt stellen.

2. Die Zucchini putzen, waschen, längs halbieren und in Scheiben schneiden. Die Paprika putzen, entkernen, waschen und in Streifen schneiden. Den Spargel im unteren Drittel schälen, trockene Enden abschneiden und die Stangen schräg in Stücke schneiden. Die Champignons putzen und in Scheiben schneiden. Die Zwiebeln schälen und in Spalten schneiden.

3. Das Öl portionsweise erhitzen. Den Rosmarin und das Gemüse im heißen Öl nach und nach jeweils 5–8 Minuten braten. Mit Salz und Pfeffer würzen. Die Eier, den Schmant und den Parmesan verrühren, mit Salz und Pfeffer würzen.

4. Den Teig auf einer bemehlten Arbeitsfläche zu einem Rechteck (25 x 20 cm) ausrollen. Die Teigplatte auf ein gefettetes Backblech setzen und in Blechgröße fertig ausrollen. Das Gemüse darauf verteilen und mit der Schmant-Masse begießen. Den Ziegenkäse in Stückchen darauf verteilen. Im heißen Ofen bei 200 °C 35–40 Min. backen.

ZWIEBELKUCHEN

1. Das Mehl, die Butter, das Ei und ½ TL Salz in eine Schüssel geben. Die Milch lauwarm erwärmen, die Hefe hineinbröckeln und verrühren. Die Hefemilch zugießen und alles zu einem glatten Teig verkneten. Den Teig an einem warmen Ort zugedeckt ca. 30 Minuten gehen lassen.

2. Die Zwiebeln schälen und in dünne Ringe schneiden oder hobeln. Den Speck in feine Würfel schneiden. Das Öl erhitzen, den Speck darin knusprig auslassen und aus der Pfanne nehmen. Die Zwiebeln im heißen Speckfett ca. 10 Minuten unter Wenden dünsten. Mit Salz, Pfeffer, Kümmel und Thymian würzen. Vom Herd nehmen.

3. Den Käse reiben. Den Hefeteig durchkneten und auf einer gefetteten Fettpfanne gleichmäßig ausrollen. Die Zwiebeln und den Speck darauf verteilen. Die Eier und den Schmant verrühren und mit Salz und Pfeffer würzen. Die Schmantmasse auf den Zwiebeln verteilen. Den Käse gleichmäßig darüberstreuen. Den Zwiebelkuchen im heißen Ofen bei 180 °C 30–35 Minuten backen.

FÜR 1 BLECH

450 g Mehl
50 g geschmolzene Butter
1 Ei
Salz und Pfeffer
200 ml Milch
1 Würfel frische Hefe
1 kg Zwiebeln
150 g magerer, geräucherter Speck
2 EL Öl
1 TL Kümmelsamen
1 EL getrockneter Thymian
200 g mittelalter Gouda
3 Eier
250 g Schmant

LAUCHKUCHEN

FÜR 1 BLECH
500 g Mehl
250 ml Milch
1 Würfel Hefe
1 Prise Zucker
½ TL Salz
2 Eier
30 g flüssige Butter
1 kg Lauch/Porree
150 g Bergkäse
3 EL Öl
Salz und Pfeffer
250 g Schmant
200 ml Milch
3 Eier
150 g Frühstücksspeck in Scheiben
1 TL Kümmelsamen

1. Das Mehl in eine Schüssel geben. Die Milch lauwarm erwärmen, die Hefe hineinbröckeln und verrühren. Die Hefemilch, den Zucker, das Salz, die Eier und die Butter zum Mehl geben und alles zu einem glatten Teig verkneten. Den Teig zugedeckt an einem warmen Ort ca. 45 Minuten gehen lassen.

2. Den Lauch putzen, waschen und in dünne Ringe schneiden. Den Käse grob reiben. Das Öl erhitzen, den Lauch darin unter Wenden ca. 5 Minuten dünsten. Mit Salz und Pfeffer würzen. Abkühlen lassen.

3. Den Schmant, die Milch und die Eier verrühren. Die Eiermilch mit Salz und Pfeffer würzen. Den Hefeteig durchkneten und auf einer gefetteten Fettpfanne ausrollen. Den Lauch darauf verteilen, mit Speckscheiben belegen und mit Kümmel bestreuen. Die Eiermilch darübergießen und den Kuchen mit Käse bestreuen. Im heißen Ofen bei 180 °C ca. 45 Minuten backen.

KÄSEWÄHE

1. 400 g Mehl, die Butter, 2 Eier, 2 EL kaltes Wasser und 1 TL Salz zu einem glatten Teig verkneten. Den Teig etwas flacher drücken, in Folie wickeln und ca. 30 Minuten kalt stellen.

2. Die Kräuter waschen und trocken schütteln. Die Petersilienblättchen abzupfen und hacken. Den Schnittlauch in Röllchen schneiden.

3. Den Quark, das übrige Mehl und 6 Eier verrühren, den Käse und die Kräuter unterrühren. Die Masse mit 1 TL Salz, Pfeffer und Muskat würzen.

4. Den Teig auf bemehlter Arbeitsfläche zu einem Rechteck (30 cm x 20 cm) ausrollen. Die Teigplatte auf ein gefettetes Backblech geben und in Blechgröße fertig ausrollen. Den Boden mit einer Gabel mehrmals einstechen und die Käsemasse darauf verteilen. Im vorgeheizten Ofen bei 180 °C ca. 1 Stunde backen. Nach 30 Minuten Backzeit die Sonnenblumenkerne auf die Wähe streuen und fertig backen. Nach Ende der Backzeit den Backofengrill anschalten und die Wähe ca. 5 Minuten bräunen.

FÜR 1 BLECH
425 g Roggenmehl (Type 1150)
200 g Butter
8 Eier
2 EL kaltes Wasser
Salz
1 Bund Petersilie
1 Bund Schnittlauch
1,25 kg Magerquark
150 g geriebener Emmentaler
150 g geriebener Gruyère
Pfeffer
geriebene Muskatnuss
50 g Sonnenblumenkerne

KARTOFFELKUCHEN

1. Den Teig nach Packungsanweisung zubereiten, auf ein geöltes Backblech geben und mit angefeuchteten Händen als Boden festdrücken.

2. Die Kartoffeln durch eine Kartoffelpresse drücken. Den Porree putzen, waschen, längs halbieren und in dünne Ringe schneiden. Die Kartoffelmasse, den Kümmel, das Muskat, den Porree und die Milch vermengen, die Masse mit Salz und Pfeffer würzen und auf dem Brotteig verstreichen.

3. Die Cabanossi längs vierteln und in Stücke schneiden. Die Crème fraîche und das Ei verquirlen, mit Salz und Pfeffer würzen. Die Wurststückchen auf der Kartoffelmasse verteilen, etwas andrücken. Die Crème-fraîche-Mischung darauf verteilen. Den Kuchen bei 230 °C ca. 30 Minuten backen. Die Temperatur auf 180 °C herunterschalten und weitere ca. 15 Minuten backen.

FÜR 1 BLECH
1 Packung Backmischung für Krustenbrot (500 g)
800 g gekochte Pellkartoffeln
2 Stangen Lauch/Porree
½ TL gemahlener Kümmel
geriebene Muskatnuss
125 ml Milch
Salz und Pfeffer
250 g Cabanossi
200 g Crème fraîche
1 Ei

KRÄUTERKUCHEN „GRÜNER GARTEN"

FÜR 1 BLECH
200 g Magerquark
9 EL Milch
8 EL Olivenöl
1 TL Salz
300 g Dinkel-Mehl (Type 630)
1 TL Backpulver
1 rote Zwiebel
150 g braune Champignons
5 Scheiben Frühstücksspeck
(Bacon)
250 g Schmant
1 Ei
100 g gemischte gehackte
Kräuter (z.B. Petersilie, Thymian,
Bärlauch, Schnittlauch, Dill,
Borretsch, Minze, Zitronenmelisse; frisch oder TK)
Salz und Pfeffer

1. Den Quark, die Milch, das Öl und das Salz glatt verrühren. Das Mehl und das Backpulver mischen und auf einmal zur Quarkmasse geben. Zuerst mit den Knethaken des Handrührgerätes, dann mit den Händen glatt verkneten. In Folie wickeln und ca. 15 Minuten im Kühlschrank ruhen lassen.

2. Die Zwiebel schälen, halbieren und in feine Spalten schneiden. Die Pilze putzen, evtl. feucht abreiben und in dünne Scheiben schneiden. Die Speckscheiben dritteln.

3. Den Schmant, das Ei und die Kräuter verrühren und mit Salz und Pfeffer würzen. Den Teig auf einem mit Backpapier ausgelegten Backblech ausrollen und mit der Kräutermasse bestreichen. Die Pilze, den Speck und die Zwiebeln darauf verteilen. Bei 200 °C 35–40 Minuten backen.

WINZERKUCHEN MIT SPECK UND ÄPFELN

FÜR 1 BLECH

200 g Magerquark

9 EL Milch

8 EL Olivenöl

1 TL Salz

300 g Dinkel-Mehl (Type 630)

1 TL Backpulver

300 g geräucherter, durchwachsener Speck (am Stück)

2 säuerliche Äpfel

2 EL Zitronensaft

½ Gemüsezwiebel

250 g Schmant

Salz und Pfeffer

je ½ Bund Majoran und Thymian

100 g geriebener Bergkäse

1. Den Quark, die Milch, das Öl und das Salz glatt verrühren. Das Mehl und das Backpulver mischen und auf einmal zur Quarkmasse geben. Zuerst mit den Knethaken des Handrührgerätes, dann mit den Händen glatt verkneten. In Folie wickeln und ca. 15 Minuten im Kühlschrank ruhen lassen.

2. Den Speck in Streifen schneiden. Die Äpfel waschen und die Kerngehäuse mit einem Apfelausstecher ausstechen. Die Äpfel in dünne Scheiben schneiden und mit Zitronensaft beträufeln. Die Zwiebel schälen und in dünne Ringe schneiden. Den Schmant verrühren und mit Salz und Pfeffer würzen. Die Kräuter waschen, trockenschütteln und hacken.

3. Den Teig in einer mit Backpapier ausgelegten Fettpfanne ausrollen. Den Schmant darauf verstreichen und mit den Äpfeln, dem Speck und den Zwiebeln belegen. Mit Majoran und Thymian bestreuen und mit Salz und Pfeffer würzen. Den Käse darüberstreuen und den Kuchen im vorgeheizten Ofen bei 180 °C ca. 40 Minuten backen.

REGISTER

A
Apfelkuchen, gedeckter 60
Apfelmuskuchen, schneller 37
Apfelrosen-Kuchen 68
Apfelweinkuchen vom Blech 71
Aprikosenkuchen mit Mandelkruste 51

B
Becherkuchen mit Knusperkruste 48
Bienenstich 32
Butterkuchen 13

D
Donauwellen 14

E
Eierlikörkuchen mit Schoko-Nussboden 54
Erdbeer-Buttercreme-Schnitten 26

F
Friesenschnitten vom Blech 53
Frischkäse-Zitronen-Kuchen mit Butterkeksboden 65
Früchtekuchen 62

G
Gedeckter Apfelkuchen 60
Gemüsekuchen, mediterraner 74
Getränkter Zitronenkuchen 28

K
Kartoffelkuchen 81
Käsekuchen mit Mandarinen 16
Käsesahneschnitten mit Kirschen 38
Käsewähe 79
Kirsch-Quark-Kuchen mit Streuseln 21
Kokos-Schnitten mit Johannisbeeren 46
Kräuterkuchen „Grüner Garten" 82

L   Lauchkuchen 78
    Linzer Himbeerschnitten 56

M   Mandel-Gewürzkuchen 43
    Mandelkuchen mit saurer Sahne 20
    Marzipankuchen mit Aprikosen und Brombeeren 49
    Mediterraner Gemüsekuchen 74
    Milchreiskuchen mit Rotweinpflaumen 66
    Mohnkuchen 44

N   Nusskuchen mit Schoko-Frischkäse-Creme 31

P   Pflaumenkuchen 22

R   Rhabarberkuchen mit Zitronen-Mandelbaiser 19
    Rote-Grütze-Schnitten mit Frischkäse 40
    Rotweinschnitten 34
    Rüblikuchen mit Guss 59

S   Schneller Apfelmuskuchen 37
    Schokoladenkuchen 25
    Streuselkuchen 10

W   Winzerkuchen mit Speck und Äpfeln 84

Z   Zitronenkuchen, getränkter 28
    Zwiebelkuchen 77

DIE AUTORIN

Ira König ist studierte Umwelt- und Gesundheitspädagogin. Sie hat lange für namhafte Food-Zeitschriften als Redakteurin gearbeitet und ist heute als freie Food-Journalistin und Autorin erfolgreich. Es sind bereits zahlreiche Bücher von ihr erschienen, darunter u.a. bei Thorbecke „Für dich selbst gemacht", „Buchstabensuppe & Pausenbrot", „Zitronengras und Rosenduft" sowie „Maibowle und Martinsgans".

BILDNACHWEIS

Sämtliche Fotos stammen von Chandima Soysa, Stuttgart.